Es bringt dir nichts, der Beste zu sein, wenn es niemand sieht.

Digitale Sichtbarkeit durch Instagram

Deine Anleitung für mehr Erfolg auf social media

Mustafa Nemat Ali

Bibliografische Information der Deutschen Nationalbibliothek:
Die Deutsche Nationalbibliothek verzeichnet diese Publikation in der Deutschen
Nationalbibliografie; detaillierte bibliografische Daten sind im Internet über
http://dnb.dnb.de abrufbar.

Herstellung und Verlag: BoD – Books on Demand, Norderstedt

ISBN: 978-3-7519-1594-6

Inhaltsverzeichnis:

1   **Vorwort**   **10**

2   **Instagram Fakten**   **13**

3   **Der Fahrplan**   **15**

   3.1   **Die Hashtags**   **21**

4   **Die Explorepage**   **24**

5   **Dein Profil**   **26**

6   **Die Strategie**   **29**

   6.1   **Deine eigene Strategie**   **35**

7   **Die Planung**   **43**

8   **10 Dinge die du beachten musst**   **46**

9   **Unerwartete Beiträge**   **53**

   9.1   **Die optimale Challenge**   **55**

10   **Meine Toolempfehlungen**   **57**

11   **Fazit**   **64**

12   **Danke!**   **66**

13   **Verzeichnis der Internetquellen**   **68**

14   **Abbildungsverzeichnis**   **69**

1 VORWORT

Ich bin Mustafa Nemat Ali,
Agenturleiter eines Versicherungsbüros, Inhaber einer
social media Agentur und Gesellschafter.

Mit diesem Buch zeige ich dir, worauf es bei Instagram ankommt, damit deine Reichweite steigt und du somit mehr Follower für dein Business generieren kannst. Dabei war es mir wichtig, dass die Inhalte sofort und ohne großes Vorwissen umsetzbar sind.

Dieses Buch soll dich inspirieren und motivieren. Ich habe hier alle wichtigen Punkte zusammengeschrieben, die ich mit der Zeit gelernt habe. Hiermit kannst du deine eigene Strategie, dein Profil und somit dein Business aufbauen.

Dies alleine ist jedoch keine Garantie für deinen Erfolg, da es von dir und deiner Umsetzung abhängt! Ich bin jedoch zuversichtlich, dass du Fortschritte machen wirst, wenn du ins Handeln kommst!

Hier erhältst du deine genaue Anleitung, um deine individuelle Strategie auszuarbeiten und deinen eigenen Stil zu finden. Anfangs habe ich Instagram nur als Hobby betrieben, dann jedoch auch den Mehrwert für meine Unternehmungen entdeckt. Mittlerweile erhalten wir die meisten unserer Anfragen über social media.

Mit Instagram habe ich in der Finanzdienstleistung begonnen, einer Branche, die für social media unattraktiver nicht sein kann. Und auch dort hat es geklappt. Ich will dir damit sagen, dass du jede Geschichte erfolgreich umsetzen kannst und es dabei nur auf den richtigen Fahrplan ankommt.

Ich hoffe, dass ich dir mit dem Buch helfen kann, deine Geschichte erfolgreich nach außen zu tragen!

So wie bei jeder Anleitung, solltest du alle Punkte genau durchgehen und wiederholen, damit es für dich zur Routine wird. Nur dadurch erhältst du Sicherheit, um dann den Erfolg zu spüren.

Tiger Woods ist einer der größten Golfer der Welt, ein sehr talentierter Mann, Elon Musk, ein Unternehmer, der mit etwas angefangen hat, woran niemand geglaubt hatte.

Beide haben weiter gemacht, ihre Fertigkeiten täglich verbessert und somit eine Routine geschaffen, mit der sie ihre Ziele umsetzen konnten.

Den Fahrplan zu haben ist gut, aber ohne die notwendige Disziplin wirst du es nicht schaffen, ins Handeln zu kommen. Darum solltest du das Buch als deinen Begleiter für die Umsetzung sehen. Schau täglich hinein, um die Punkte genau durchzugehen. Du wirst sicherlich schon einiges kennen und mittlerweile erhältst du auch viele Informationen im Netz.

Der Unterschied liegt wie allzu oft in der Umsetzung, nutze also die Zeit effektiv, um das meiste aus deiner Zeit zu holen. Bedenke bitte, dass der Erfolg nicht von heute auf morgen klappen wird.

Das oberste Ziel sollte deine Community sein. Bleib bei deiner Zielgruppe und interagiere mit deinen Followern. Häufig sehe ich coole Beiträge und Videos, bei denen überhaupt nicht auf die Kommentare eingegangen wird.

Wie im richtigen Leben muss ich in die Interaktion kommen, um Kontakte zu gewinnen. Nicht anders ist es auch bei social media.

Jetzt bitte ich dich, konzentriert zu lesen und die folgenden Punkte bestens umzusetzen.

2 INSTAGRAM FAKTEN

In 2012 wurde Instagram von Facebook für rund 1 Milliarden US-Dollar gekauft. In 2019 betrug der jährliche Umsatz von Instagram rund 20 Milliarden US-Dollar.[1]
Seitdem ist klar, dass Instagram nicht mehr nur die Plattform ist, auf der schöne Bilder gepostet werden können.

Mit über eine Milliarde monatlichen Nutzern im Monat, bietet die Plattform einen riesigen Markt für die verschiedensten Zielgruppen. Die Altersgruppe, die hier aktiv ist bewegt sich hauptsächlich zwischen 18 und 44 Jahren.

Viele Firmen und Influencer haben das erkannt. Aktuell ist Cristiano Ronaldo mit rund 210 Millionen Followern nach dem Profil von Instagram auf Platz 2 der Accounts mit den meisten Followern.[2] Somit verdient Cristiano Ronaldo mit seinen Werbe-Einnahmen über Instagram mehr als durch seinen Vertrag bei Juventus, wo er im Jahr 34 Millionen US-Dollar erhält.

---

[1] https://de.statista.com/themen/2506/instagram/ , 12.04.2020
[2]   https://www.sport1.de/internationaler-fussball/serie-a/2019/10/serie-a-cristiano-ronaldo-verdient-mit-instagram-mehr-als-bei-juve , 12.04.2020

Instagram ist somit mehr als nur eine Plattform, auf der sich Personen und Firmen präsentieren. Instagram ist mehr der Anfang einer Customer Journey, wie Google.

Egal, ob es neue Trends, neue Produkte oder Empfehlungen für Seminar sind - Instagram ist eine Marketingplattform mit sehr hoher Reichweite.

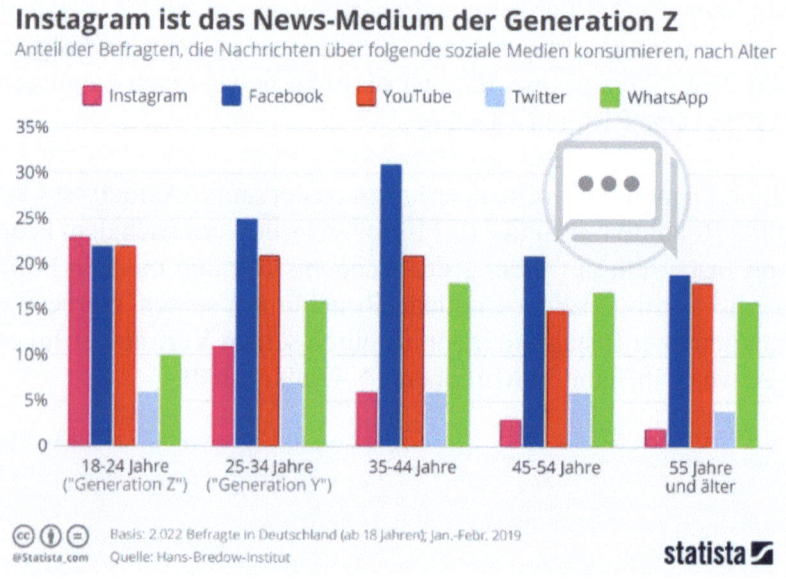

Abbildung 1:   Instagram ist das News-Medium der Generation Z
                      (Quelle: Statista, 2019)

3 DER FAHRPLAN

„Überleg dir genau, mit welchem Ziel du in die App gehst"

Um Erfolg bei einer Sache zu haben, musst du wissen, welche Vision du hast und mit welcher Strategie du es am besten umsetzen kannst.
Ist dein Produkt oder deine Dienstleistung ohne Mehrwert, so bringt es dir auch nichts, deine Botschaft sichtbar zu machen. Darum solltest du genau darüber nachdenken, welchen Mehrwert du nach außen tragen möchtest.

Nur so schaffst du es auch, Leute von deiner Message zu überzeugen. Wenn neue Follower auf dein Profil stoßen, müssen sie sofort wissen, wofür du stehst.

Ich rede nicht von einheitlichen Filtern oder der einheitlichen Schrift, das ist immer eine Geschmacksache und muss individuell genutzt werden. Vielmehr geht es hier um den Inhalt deines Contents.

Nehmen wir dazu mal mein Profil als Beispiel:
Thema: Versicherungs- und Finanzfragen, Unternehmerwissen, Digitale Strategien

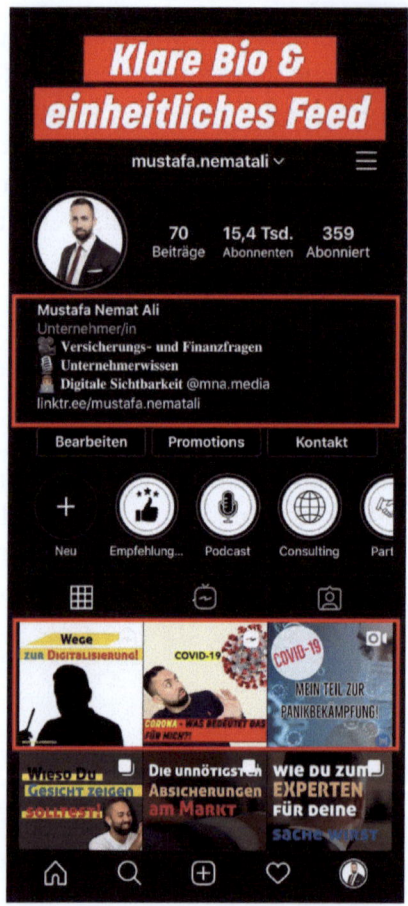

Instagram solltest du als **deine Visitenkarte** für social media nutzen, um deine Follower auf die weiteren Kanäle oder zur Interaktion einzuladen.

→ **Customer Journey**

In der Bio sollte ganz klar stehen, welche Inhalte du hier aufzeigen willst. In meinem Fall habe ich mit Versicherungs- und Finanzfragen angefangen, Unternehmerwissen und Digitale Strategien sind dann mit der Zeit dazugekommen.

Fang unbedingt erst mit einem Thema an, damit du deine Reichweite Nachhaltig aufbauen kannst.

In deinem Feed sollte dann der Inhalt erkennbar sein. Es ist schön mal private Einblicke zu posten, weil es auch eine Strategie ist, um deine Person mit deinem Business zu vermarkten.

Es gibt verschiedene Kategorien auf Instagram. Am besten findest du erstmal heraus, in welcher Kategorie du dich befindest, damit du daraus erkennst, welche Inhalte du posten kannst.

Eine bewährte Methode ist es, alles skizzenhaft aufzuschreiben und in Form einer Mindmap darzustellen.

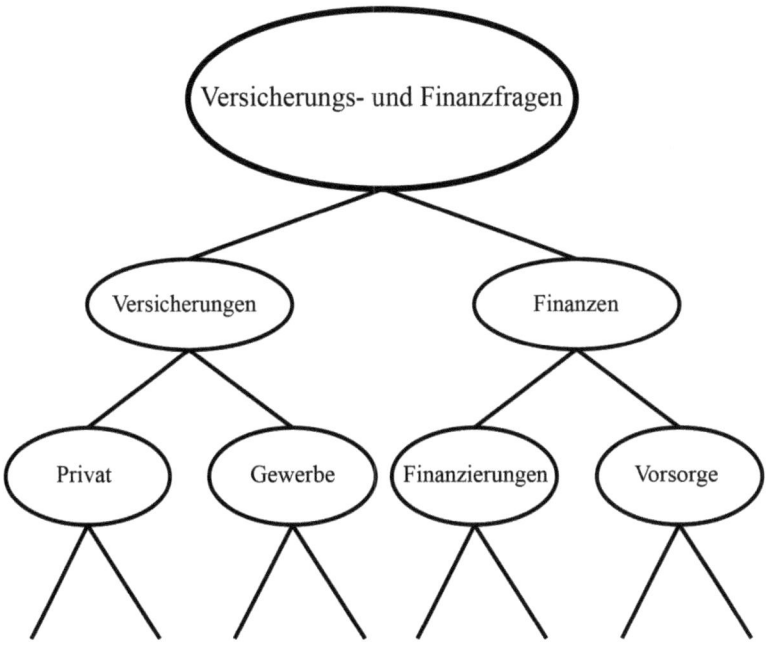

Daraus ergibt sich dann, welche Botschaft du in deinem Profil transportieren solltest.

Hast du das für dich festgestellt, ist es nun wichtig, diesem Thema treu zu bleiben. Natürlich kannst du durch bestimmte Trends etwas frischen Wind hereinbringen. Deine Botschaft muss jedoch gleich bleiben.

Du gehst ja auch nicht zum Asiaten, um italienisch zu essen. Es klingt banal, aber viele scheitern an diesem Punkt. Ist dein Profil zu unübersichtlich, weißt du nicht, was du damit sagen willst. Wie sollen denn andere sehen, wofür du mit deinem Profil stehst?

Je genauer deine Zielgruppe ist, desto erfolgreicher bist du in ihrer Ansprache. Hast du nach einiger Zeit deine Nische gefunden, kannst du diese immer weiter ausbauen. Daher meine Empfehlung:

Beginne mit einem Thema an und baue dann Stück für Stück darauf auf.

Deine Community folgt dir aufgrund des Themas, durch das sie ursprünglich auf deinen Account aufmerksam geworden ist. Dadurch, dass ich neuen Content auf Instagram gepostet habe, hab ich viele Follower verloren. Das kannst du dir leisten, wenn du eine hohe Zahl an Followern hast und deine Strategie ausbauen kannst.

Ich habe mich bewusst dafür entschieden, zunächst in den sauren Apfel zu beißen und geringere Interaktionen in Kauf zu nehmen, weil ich mein Profil nutzen will, um langfristig über mehrere Themen Einblicke zu gewähren.

Für den Anfang empfehle ich dir daher nochmals ganz klar, mit einem Thema anzufangen und darüber deine Nische auszubauen. Wenn du also Sportinhalte postest, dann solltest du auch dabei bleiben und nicht plötzlich Bilder von Naturaufnahmen posten.

Gegebenenfalls müsstest du dir sonst überlegen, welchen Zusammenhang das Bild der Natur mit dem Sport hat? Vielleicht machst du ein Workout in der Natur? Das sollte dann jedoch deutlich zu erkennen sein und nicht zu kompliziert aufgezeigt werden.

Sind Dinge zu kompliziert oder unverständlich, so entscheiden sich die Nutzer für andere Profile. → **keep it simple.**

Ab jetzt musst du dich immer fragen, ob das, was du hochladen möchtest, zu deinem Themenbereich passt und deine Community interessieren!

Dabei ist der persönliche Touch in deinem Profil wichtig und manchmal auch unerwartete Postings hochzuladen. Was das ist, werden wir im späteren Kapitel behandeln.

Bevor wir nun in die Tiefen deiner eigenen Strategie eintauchen und du starten wirst, dein Profil zu optimieren, möchte ich, dass wir uns vorher noch einmal im Detail ansehen, woher die einzelnen Follower kommen können und welche relevanten Punkte es in deinem Profil zu beachten gibt.

Solltest du auch andere social media Kanäle nutzen, ist es nicht immer nur dein Instagram Profil, welches der erste Anlaufpunkt für neue Follower ist. Wenn jemand jedoch über Instagram erstmals auf deine Inhalte stößt, so muss die conversion rate, also die Wahrscheinlichkeit, dass der Nutzer zum Follower wird, hoch sein.

Bevor ich nun gleich auf die wichtigsten Punkte in deinem Profil eingehe, möchte ich dir noch einen kurzen Überblick darüber geben, welche Möglichkeiten potentielle Kunden haben, um auf dein Instagram Profil aufmerksam zu werden und weshalb es deshalb wichtig ist, nicht nur gute Posts zu erstellen, sondern auch ein Profil zu haben, welches deine Zielgruppe und potentiellen Kunden anspricht – kurz und knapp: Habe eine Strategie, was dein Profil aussagen soll.

3.1 Die Hashtags

Für deine Bilder, Videos und Stories bieten Hashtags eine Möglichkeit, um gefunden zu werden. Dabei sollten deine Hashtags immer relevant sein, da der Algorithmus von Instagram durch Bilderkennung weiß, welche Inhalte du postest und sofort Hashtags sperrt, die keinen Bezug zum Inhalt haben. Außerdem bringt es dir auch nichts ein Bild von deinem Abendessen mit dem #Handtasche zu versehen, weil der Nutzer, der über Instagram nach Handtaschen sucht, kein Essen sehen will.

Nachdem du deine Kategorie auf Instagram gefunden hast, kannst du dir anhand der Kategorien mal überlegen, welche Hashtags du jeweils nutzen könntest. Diese Hashtags kannst du dir dann schriftlich festhalten und anlassbezogen dann einsetzten.

Es sollten natürlich Hashtags sein, die andere Nutzer auch suchen, falsch geschriebene Wörter oder zu lange Hashtags wären nicht von Vorteil, da sie kaum gefunden werden.

Hier empfehle ich dir, bewusst zu schauen, unter welchen Hashtags bestimmte Beiträge zu finden sind.

Außerdem hast du die Möglichkeit, bestimmten Hashtags zu folgen. Das empfiehlt sich, wenn du deine Zielgruppe kennst. Somit werden dir dann die neusten Beiträge in deinem homefeed angezeigt.

Über andere Profile und Kommentare:
Mache dich auf Instagram sichtbar. Hinterlasse überall deine digitalen Fußspuren, damit du es potentiellen Kunden unmöglich machst, an dir vorbei zu kommen!

Mit jedem Kommentar unter den Beiträgen anderer Profile, hinterlässt du einen Eindruck über dich und deine Expertise zu einem Thema und bietest das Potential, dass jemand auf dich aufmerksam wird. Deshalb nutze diese Möglichkeit als Chance für dich.

Hinterlasse bei relevanten Beiträgen aus deiner Nische **passende Kommentare** und versuche dich auf Instagram in jeglicher Hinsicht sichtbarer zu machen.

Die ausschließliche Verwendung von Emojis ist nicht zielführend. Copy and paste sollte ebenfalls nicht genutzt werden, weil es keine individuellen Texte sind!

4 DIE EXPLOREPAGE

Hier hast du die Möglichkeit, auf neue Profile zu stoßen und im gleichen Moment schaffst du es mit deinen Inhalten und den passenden Hashtags, für andere sichtbar zu werden. Du siehst, dass dein Konzept stimmig sein muss, damit du auf allen Wegen überzeugen kannst.

Solltest du einfach auf die Explorepage klicken, dann wird dir anhand deiner Postings und Interaktionen Neues gezeigt.

Die Explorepage kannst du ebenfalls dazu nutzen, mit anderen Profilen zu interagieren. Nutze die Möglichkeit um mit neuen Kontakten zu interagieren und Inspirationen für dein Profil zu sammeln.

Hier musst du mit deinen Beiträgen überzeugen, damit sich andere eingeladen fühlen, bei dir mal vorbei zu schauen.

Gelangt nun ein neuer Interessent auf deine Seite, so kommt hier wieder die conversion ins Spiel. Diese sollte so hoch wie möglich sein, damit der Interessent zum Follower wird.

Anhand der Beiträge sieht man auch, dass es schweirig ist, mit den Texten aufzufallen.

Zusätzlich kannst du in der Explorepage nach IGTV's, Shops oder bestimmten Kategorien suchen.

Mit der Aktualisierung der Seite kannst du sehen, wie viele Beiträge im Sekundentakt hochgeladen werden.

5 DEIN PROFIL

Nachdem wir die Punkte durchgegangen sind, durch die Nutzer auf dein
Profil aufmerksam werden können, ist es nun wichtig, dass du dein Profil für diese Besucher vorbereitest.

Hier sind einige Stellschrauben, die du beachten solltest:

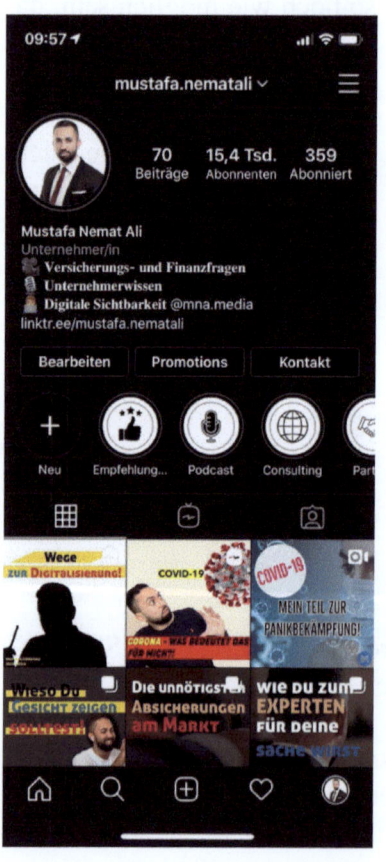

Instagram Profilname

Profilbild

Name

Biografie (Bio)

Story Highlights

Feed / "Grid"

Instagram Profilname

Dein Instagram Profilname sollte kurz und knapp sowie gut verständlich sein.

Mein Name ist nicht das beste Beispiel dafür, weil ich einen sehr langen Namen habe.

Nutze hier keine extrem komplizierten Namen oder Buchstabenkombinationen mit Sonderzeichen oder mehreren Buchstaben hintereinander, damit es seriös bleibt. Kommentierst du Beiträge anderer User, sind im Kommentarfeld nur dein Profilname und dein Profilbild zu sehen, daher sollten beide Elemente zueinander passen.

Profilbild

Dein Profilbild wird mit 110 x 110 Pixel angezeigt, sollte aber, um eine
bessere Qualität zu haben, mit 320 x 320 Pixel hochgeladen werden.

Nutze ein professionelles Bild. Das bedeutet nicht, dass du dich, so wie ich, mit Anzug und Krawatte zeigen musst, aber es sollte hochwertig aussehen. Achte darauf, dass du gut erkennbar bist.

Denk nochmal daran, dass man in den Kommentaren nur deinen Namen und dein Profilbild sieht. Daher solltest du hier schon aus der Masse herausstechen und es muss erkennbar sein, dass dein Profil hochwertige Inhalte bietet.

Name

Ich empfehle hier den Namen einzugeben, der gefunden werden sollte, wenn man dich sucht. Es kann dein Firmenname sein, dein eigentlicher Name oder das, was du anbietest. Der Name, der Profilname sowie die Bio sind die einzigen Felder, die es dir ermöglichen, über die Suchfunktion angezeigt zu werden. Eine Art SEO Optimierung, die du hier angibst.

Biografie / (Bio)

Hier befinden wir uns an dem Ort, an dem du mehr ins Detail gehen solltest, um die einzelnen Themen deines Profils zu beschreiben. Es stehen dir insgesamt 150 Zeichen zur Verfügung, mit denen du kurz und knackig und vor allem einfach die wichtigsten Informationen zu deinem Profil auf den Punkt bringen solltest.

Hier kannst du auch einen "call to action" einbauen, um deine Community weiterzuleiten. Nutze beispielsweise einen Link, der dann zu deiner Website führt.

Der Fokus auf dein Profil darf dabei nicht zu kurz kommen, sollten Nutzer sofort weiter gehen und nicht auf deinem Profil bleiben, so wird der Algorithmus erkennen, dass dein Profil scheinbar nicht relevant ist.
Demzufolge sinkt dann auch deine Reichweite.

Durch andere Schriftarten, Emojis und Absätze schaffst du es, Struktur und Spannung in deine Bio zu bringen. Auch Hashtags und Verlinkungen zu anderen Profilen können eingefügt werden. Es sollten jedoch nicht zu viele Links und Hashtags sein, damit es nicht zu unübersichtlich wirkt.

6 DIE STRATEGIE

Jetzt, wo du weißt, wie das Profil aufgebaut ist und welche Inhalte wo stehen sollten, darfst nun deine eine Strategie ausarbeiten!

Vorweg möchte ich dir allerdings ein paar wichtige Punkte mit auf den Weg geben:

Die Interaktion mit deiner Community ist das wichtigste

Nicht umsonst steht diese Regel an erster Stelle. Der Austausch mit deiner Community und das Einbeziehen dieser muss das wichtigste sein. Dein Inhalt ist für deine Community gemacht. Darum musst die sie auch bestens einbinden. Die Strategien bringen dir nur dann etwas, wenn du Instagram so nutzt, wie es gedacht ist –als soziale Plattform zum Interagieren und Teilen von Inhalten.

Passe dein Profil immer wieder an

So wie du dich entwickelst, entwickelt sich auch deine Community weiter. Das Feedback deiner Follower solltest du nutzen. Bedenke dabei, dass sich deine Strategie auch anpassen darf. Somit bist du immer up to date und schaffst es, aktuell zu bleiben. Ich spreche nicht davon, dass du jede Woche eine neue Richtung in deinem Profil einschlagen sollst. Mit der Zeit bekommst du ein Gefühl dafür, was deine Community mag oder was nicht passend ist

Habe Geduld und bleibe dran

Nichts passiert von heute auf morgen. Gebe dem ganzen etwas Zeit, um sich zu bewähren. Teste bewusst neue Dinge aus, die du vorher nicht genutzt hast und schaue, ob sie angenommen werden. Bleibe am Ball und stecke nicht den Kopf in den Sand, sobald etwas nicht sofort gut ankommt. Ich wäre heute auch nicht da, wo ich bin, wenn ich bereits nach den ersten Rückschlägen aufgegeben hätte.

Dir muss ebenfalls klar sein, dass du es nicht jedem recht machen kannst. Ab einer bestimmten Reichweite kann es auch mal zum shitstorm kommen. Du kannst die Impulse als Zeichen sehen, deine Strategie zu ändern oder du überdenkst das Feedback.

Mach dir einfach bewusst, dass du mit den Anleitungen aus dem Buch deinen Weg finden wirst. Bleib einfach am Ball und verfolge deine Strategie.

Konstruktive Kritik ist das beste was dir passieren kann. Nimm diese Kritik nicht persönlich und versuche, deiner Zielgruppe gerecht zu werden. Schlechte Kritik solltest du jedoch möglichst ausblenden.

Erfolg entsteht
mit der Zeit.

Bei der optimalen Strategie, sind verschiedene Dinge zu beachten:
die Inhalte, deine Bilder, deine Videos, ja dein ganzes Profil.
Mit regelmäßigen Fragen und call to actions kannst du deine Follower immer wieder einbinden. Das musst du auch tun, um zu wissen, was gut bei ihnen ankommt, um herauszufinden, welche Inhalte du optimieren musst oder welche du dir zukünftig sparen kannst.

Mit der Story-Funktion kannst du ganz leicht das Stimmungsbild deiner Follower einsammeln. Das gilt es jetzt in regelmäßigen Abständen zu wiederholen und zu optimieren, bis du deine eigene Strategie gefunden hast.

Nach einiger Zeit solltest du dann Vorlagen für immer wieder auftretende Fragen entwerfen, damit du eine Routine für deine Follower aufbaust. Im besten Fall baust du eine Fragerunde zu deinem Thema ein, welches dann wöchentlich wiederholt werden kann. In den Toolempfehlungen am Ende des Buches, wirst du sehen, wie du deine eigenen Vorlagen erstellen kannst.

Das sind 2 Beispiele, die ich jeweils verwende. Die linke Story ist eine Story, die Nutzer dazu animieren soll, mein Profil zu abonnieren und die Benachrichtigungsfunktion zu aktivieren

In der rechten Story ist die bereits erwähnte Fragerunde zu sehen, in dieser Story erfrage ich alle Fragen rund um das Thema Versicherungen und Finanzen. Draus wird die Frage des Tages in Form eines Videos dann in der Story beantwortet.

Das Feedback deiner Community ist dein Schlüssel zum Erfolg.

6.1 DEINE EIGENE STRATEGIE

Kommen wir nun zu deiner eigenen Strategie.

Nun geht es aber um deine eigene Strategie. Dazu habe ich dir einige Punkte zusammengestellt, die dir helfen sollen, dein Profil klarer zu strukturieren und zu definieren. Damit kannst du dann den passenden Content entwickeln und weißt, wie deine Beiträge in Zukunft auszusehen haben. Dabei ist es auch egal, ob du alleine arbeitest oder ein Team mit mehreren Mitarbeitern hast.

Bereits andere social media Kanäle?

Nutzt du YouTube, Twitter, LinkedIn, Xing, Pinterest oder TikTok, dann kannst du die Kanäle super miteinander verbinden. Dabei muss dir nur klar sein, dass jede Plattform anders zu bedienen ist. Während du auf LinkedIn und Xing überwiegend beruflich unterwegs bist, bieten Instagram und TikTok eine lockere Basis. Mit der Zeit weißt du aber ganz genau, welche Plattform wofür geeignet ist. Die Königsdisziplin liegt darin, jede Plattform so zu nehmen wie sie ist und dabei deinen Content immer passend zu präsentieren. Solltest du hier keine weiteren Erfahrungswerte haben, gibt es zwei Möglichkeiten. Die erste Möglichkeit ist, dass du deine Konkurrenz nutzt, indem du dir ansiehst, wie es andere machen, um deine eigene Präsenz auf anderen Kanälen aufzubauen. Die zweite Möglichkeit ist, dass du dich selbst ausprobierst und schaust, wie die jeweils einzelnen Plattformen funktionieren. Bei beiden Varianten ist es hier jedoch ganz wichtig, dass du deine persönliche Note bewahrst. Authentizität ist hier das Schlagwort! Die Kopie einer anderen Person oder einer anderen Firma zu sein, wird dir überhaupt nichts bringen.

Wofür soll dein Profil stehen?

Die meisten Menschen auf Instagram sind auf der Plattform, um sich zu vergnügen. Das musst du auch für dich begreifen. Ich sehe viel zu oft Profile, wo nur Angebote hochgeladen werden. Teilweise werden einfach Flyer abfotografiert und dann als Beitrag genutzt. In diesen Fällen darf man sich nicht wundern, dass nur geringe oder gar keine Interaktionen stattfinden. Die Nutzer auf Instagram wollen keine Werbung, sie wollen Unterhaltung! Darum muss für dich klar sein, dass du nur Mehrwert zu deiner Nische bietest und erst im Anschluss über den Verkauf nachdenkst. Die User möchten auch Einblicke hinter die Kulissen haben.

Wie im echten Leben entstehen Emotionen, die dann später zur Kaufentscheidung führen. Darum wirst du um das Thema Personal Branding nicht herumkommen.

Nur durch deine Person oder deiner Brand kannst du neue Interessenten für dich gewinnen. Das Thema Storytelling hat eine sehr große Bedeutung. Anfangs ist es mir sehr schwergefallen, vor der Kamera zu sprechen, aber wie bei allen Dingen entwickelt sich nach einer gewissen Zeit ein bestimmtes Geschick.

Mittlerweile bereitet mir das Sprechen vor der Kamera keine Probleme mehr. Du schaffst es nur zu überzeugen, wenn du Persönlichkeit übermitteln kannst. Bei einer großen Firma wie Tesla oder Nike sieht das Ganze etwas anders aus. Um aber einen Bekanntheitsgrad dieser Größe zu erreichen, musst du vorerst klein anfangen. Auch große Firmen starten mit Kampagnen, für die sie Imagefilme drehen, in denen ein Lebensgefühl oder eine Haltung verkauft wird. Erst hierüber lässt sich dann ein Produkt verkaufen.

Du musst also sehr darauf achten, dass dein Feed nicht wie ein Verkaufskatalog aussieht, denn das merken deine Follower, interagieren dann nicht mehr mit deinen Beiträgen oder entflogen dir.

Strukturiere dein Profil

Deine Message, die du mit deinem Profil übermitteln willst, muss ganz eindeutig zu deiner Zielgruppe passen. Egal, ob deine Zielgruppe nun Teenager, Auszubildende, Selbstständige oder Unternehmen sind. Bei den Millionen von Bildern, die täglich über die Plattform gehen, musst du es jetzt schaffen, dass dein Beitrag aus der Masse heraussticht. Im besten Fall sollte auch bei jedem Beitrag deine persönliche Note erkennbar sein. Überleg dir also im zweiten Schritt, welche wiederkehrenden Ereignisse du nutzen willst. Beispiele dafür könnten wie folgt aussehen: "Zitate-Montag, do-it-yourself-Mittwoch oder ein Rückblick Freitag".

Auf meinem Profil habe ich ebenfalls Vorlagen für bestimmte Ereignisse, die ich stetig nutzen kann und wodurch ein Wiedererkennungswert beim Follower entsteht.

Dadurch wissen die Nutzer ganz genau, wann sie neue Inhalte zu erwarten haben und du erreichst eine gewisse Routine für deine Community. Das Ganze muss dann natürlich konsequent durchgezogen werden. Im besten Fall erstellst du dafür Wiedervorlagen in deinem Kalender, damit du an bestimmten Tagen wiederkehrend die gleichen Formate hochladen kannst.

Ich nutze z.B. eine Fragerunde, in der die Follower bestimmte Versicherungs- und Finanzfragen stellen können. Dadurch fühlen sich automatisch Follower angesprochen, die eine ähnliche Frage hatten und du schaffst es, Leute zu animieren, beim nächsten Mal auch Fragen zu stellen.

Im Folgenden geht es darum, deine eigene Strategie für dein Profil zu entwickeln.
Dazu füllst du am besten die folgenden Boxen mit den passenden Inhalten aus, um es für dich nochmal zu visualisieren.
Später werden wir dann einen eigenen Redaktionsplan erstellen, damit du deinen zukünftigen Content auch planen kannst.

Jetzt bist du dran!

Wofür soll dein Profil stehen?

Wer ist deine Zielgruppe?

Welche Interessen hat deine Zielgruppe?

Was willst du in Zukunft verkaufen?

Anhand der Punkte kannst du nun deinen Feed mit neuem Content füllen. Dazu hast du verschiedene Möglichkeiten:

a. Stories
b. Bilder
c. IGTV's
d. Karussell

Du solltest auf keinen Fall nur eine der oben genannten Varianten nutzen, da es sonst schnell langweilig werden kann. Außerdem ist es immer von Vorteil, die neuesten Instagram Funktionen zu nutzen, da diese von Instagram häufiger ausgestrahlt werden. Somit erhalten deine Inhalte mehr Reichweite.

Wenn du also beispielsweise Golfer bist, kannst du neben den schönen Golfanlagen auch Videos drehen, in denen du darauf aufmerksam machst, wie man den Golfschläger am besten hält.

Bei allen Beiträgen muss der Inhalt weiterhin gleichbleiben, damit du deinen roten Faden nicht verlierst.

Mit aktiven Fragen und der Analyse deiner Insights erfährst du, welche Beiträge gut ankommen und welche weniger. Darum solltest du immer mal wieder in deine Insights schauen.

Durch die regelmäßige Analyse deiner Insights, erfährst du wertvolle Informationen zu deinen Beiträgen, somit kannst du erkennen, wie du deine Beiträge aufbauen solltest, damit du eine höhere Interaktion mit deinen Beiträgen hast.

Neben den Instagram Insights, zeige ich dir im Anschluss noch weitere Tools, welche du für die Auswertung nutzen kannst.

Im Folgenden zeige ich dir einen Beitrag von mir, der eine relativ erfolgreiche Reichweite hatte.

Du siehst hier, dass ich nicht viele Leute animieren konnte, den Beitrag abzuspeichern, somit habe ich im Anschluss überlegt, wie ich das abspeichern ein wenig lukrativer für die Community machen kann. Und solche Überlegungen sind es, die du dann hin und wieder haben solltest, um deine Beiträge interaktiver zu gestalten.

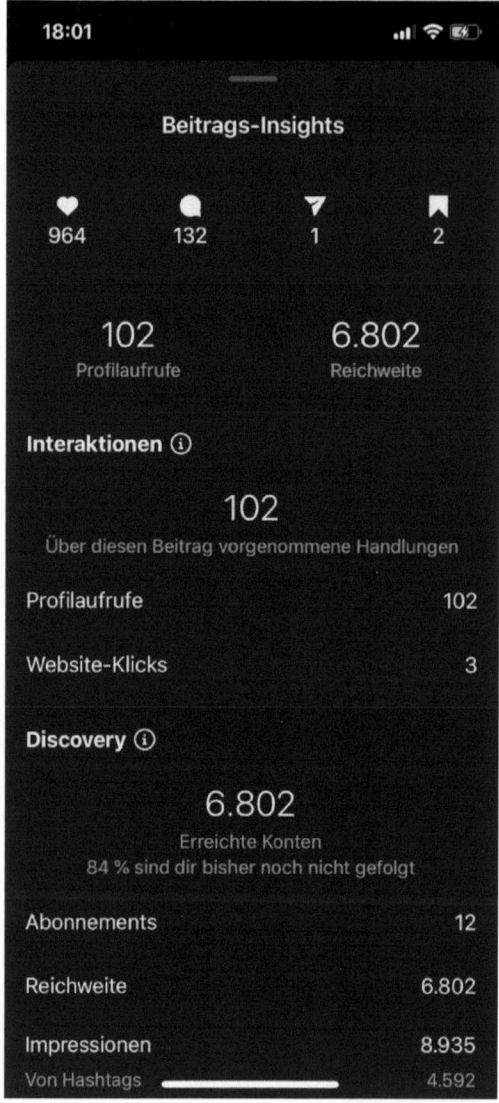

An dem Beitrag siehst du, welche Reichweite dein Beitrag erhalten hat und über welche Zugänge die Aufrufe entstanden sind.

Ein großer Teil kommt hier zum Beispiel über die Hashtags, die ich in dem Beitrag verwendet habe.

7 DIE PLANUNG

Ohne Plan wirst du auch auf Instagram keinen Erfolg haben.
Innerhalb von Bruchteilen einer Sekunde entscheiden Nutzer auf
Instagram, ob deine Inhalte überzeugen oder nicht. Diesen Fakt
solltest du vor jedem Post im Hinterkopf haben.
Der erste Eindruck muss überzeugen und zum durchstöbern ani-
mieren.

Du musst dich von spontanen Beiträgen verabschieden, damit du
den roten Faden im Profil weiterhin beibehalten kannst. Ansons-
ten versinkst du im Chaos und postest im schlimmsten Fall gar
nichts mehr. Instagram ist als Marketingkanal zu verstehen, welches deine Person, deine Brand, dein Unternehmen oder dein Produkt bzw. deine Dienstleistung vermarktet. Für jedes Marketing
solltest du dementsprechend die Notwendigkeit sehen, struktu-
riert vorzugehen. Eine Ausnahme bilden deine Stories. Hier wirkt
Spontanität sehr authentisch, wodurch sich Follower möglicher-
weise mit dir identifizieren können und sie sich an dich binden.

**Diese 3 Punkte solltest du prüfen, bevor du einen Post ver-
fasst:**
- ✓ Ist mein Posting hochwertig und ansprechend?
- ✓ Poste ich noch regelmäßig?
- ✓ Habe ich noch meinen roten Faden?

**Auf der folgenden Seite findest du einen Redaktionsplan, mit
dem du deine Postings vorbereiten kannst.**

DEINE WOCHE

Monat/KW:

Dein Thema:

TAG	Beitrag	Story	Todo's
Montag			
Dienstag			
Mittwoch			
Donners-tag			
Freitag			
Samstag			
Sonntag			

Beispiel

Monat/KW:

Dein Thema:

Wie du dich am besten positionierst.

TAG	Beitrag	Story	Todo's
Montag	Tipps für eine gute Positionierung	-Hinweis auf den Beitrag -Persönliche Einblicke	Interaktion mit anderen Accounts
Dienstag		Feedback zum Beitrag von Montag	Planung neuer Beiträge
Mittwoch	Einblicke hinter die Kulissen als Video	-Hinweis auf das Video -Erfahrungen mit Videoaufnahmen	Interaktion mit ähnlichen Zielgruppen
Donnerstag			
Freitag			

8 10 DINGE DIE DU BEACHTEN MUSST

Jetzt, nachdem wir deine Strategie und deine Ziele ausgearbeitet und alles in einem Redaktionsplan festgehalten haben, möchte ich dir ein paar Einblicke in mein Erfolgsrezept geben.

Eine Sache muss ich dabei vorwegnehmen: Wie bei allen anderen Dingen hat jeder seine eigene Herangehensweise. Was also bei mir sehr gut funktioniert, muss nicht auch gleich bei dir funktionieren. Übernehme Dinge nicht blind für dich, sondern mach dir Gedanken, wie du bestimmte Inhalte mit deiner persönlichen Note präsentieren kannst.
Bei allen Inhalten muss der Fokus auf die Community gerichtet sein!

1.Deine Community

Alle die mir schon eine Weile Folgen wissen, dass die Community nicht von heute auf morgen entstanden ist. Ich habe mit Instagram angefangen, Facebook und YouTube eingebunden und später dann Spotify und Deezer sowie Pinterest und TikTok ergänzt. Mittlerweile haben wir unsere Strategie so ausgeweitet, dass wir bestimmte Inhalte nur für Privatkunden und andere wiederum speziell für Unternehmer posten. Das wichtigste bei allem ist, dass du bei deiner Zielgruppe bleibst. Unser Podcast richtet sich beispielsweise explizit an Unternehmer, da es auf bestimmte unternehmerische Fragen Antworten liefert.

Außerdem sollte alles was du machst aus Überzeugung sein, weil nur du andere von deiner Sache begeistern kannst

Bei allen Beiträgen nutze ich einheitliche Standards, die vom ersten Tag an gelten:

- ✓ Antwort auf Kommentare: Am besten zeitnah, damit es nicht untergeht.
- ✓ Antwort auf Nachrichten: Immer persönlich und freundlich!
- ✓ Dankbarkeit zeigen: Lass deine Follower spüren, dass du dankbar bist. Die übermittelte Wertschätzung lässt mehr Follower mit deinen Beiträgen interagieren.
- ✓ Kommentiere Posts deiner Community: Interagiere mit deinen Followern, um sie ebenfalls zu animieren, mit dir zu interagieren.
- ✓ keep it simple: Nicht zu komplizierte Postings.

KEEP
IT
SIMPLE

2. Content = King

Einfach aber unheimlich wichtig. Es zeigt, dass du dich mit deinen Followern beschäftigt hast. In diesem Zusammenhang verweise ich noch einmal auf die Übung, die du immer wieder nutzen solltest, um das Feedback deiner Community einzusammeln und daraus neue Inhalte zu erstellen (siehe Seite 19 "Deine Strategie-Jetzt bist du dran!").

Bleib immer up to date und schau, dass deine Beiträge bei voller Konzentration entstehen!

3. Konsequentes Handeln

Um deine Reichweite stetig zu erhöhen, musst du regelmäßig Beiträge posten. Nur so schaffst du es, einen Zuwachs zu erhalten. Sind die Beiträge hochgeladen, gilt es, Interaktionen zu schaffen. Hohe interaktionsraten bedeuten, dass deine Beiträge gut ankommen. Dadurch wirst du auf Instagram sichtbarer.

Bleib also nach deinen Beiträgen online und antworte anderen Nutzern auf Kommentare und verlinke deinen Beitrag in deiner Story, damit die Story Zuschauer sehen, dass ein neuer Beitrag von dir online ist.

Wie im echten Leben musst du erst etwas an andere geben, damit du auch etwas zurückbekommst. Daher ist es sehr wichtig, mit den Beiträgen anderer Nutzer zu interagieren! Like und kommentiere Beiträge, damit es für alle Beteiligte einen Mehrwert hat.

4. Persönliche Begrüßung

Du solltest jeden neuen Follower mit einer persönlichen Nachricht begrüßen. Ob in einer kleinen Videonachricht, Sprachnachricht oder mit einem Text, die Form ist dir überlassen. In jedem Fall muss es persönlich sein. Schlage auch gerne vor, dass man dich bei weiteren Fragen kontaktieren kann. Das Ganze kannst du bereits im Vorfeld vorbereiten, sodass du lediglich einige Punkte abändern musst. Die persönliche Begrüßung macht bei vielen neuen Followern einen guten Eindruck und du schaffst es so, den neuen Follower von dir zu überzeugen.

5. Antworte direkt

Nachrichten, die du erhältst, solltest du so schnell wie möglich beantworten. Willst du dir für eine Nachricht mehr Zeit nehmen, so kannst du einfach kurz darauf hinweisen, dass du gerne später ausführlich antworten möchtest.

6. Richtige Kommentare

Wenn andere sich die Zeit nehmen, um deine Bildunterschrift durchzulesen und einen Kommentar zu hinterlassen, solltest du dir auch die Zeit nehmen, die Kommentare zu liken und entsprechend zu beantworten. Kommentiere ebenfalls bei anderen mit Themenbezogenen Inhalten. Hier solltest du neben Emojis immer auch einen angemessenen Text mit Bezug zum Beitrag hinterlassen.

Schließlich willst du ja, dass auch andere deine Beiträge mit konstruktiven Kommentaren versehen.

7. Benachrichtigungen aktivieren

Ab einer bestimmten Reichweite solltest du deine Follower dazu bringen, die Benachrichtigungsfunktion für Beiträge, Stories, IGTV's und Live-Videos zu aktivieren.

Solltest du eine Aktion durchführen oder ein Gewinnspiel planen, so kannst du die Benachrichtigungsfunktion immer wieder hervorheben, um deine Follower darauf aufmerksam zu machen, dass sie so die schnellsten Informationen erhalten.

Deine Community sollte einen signifikanten Mehrwert durch die Aktivierung der Benachrichtigungsfunktion haben sollte. Später kannst du dann Vorlagen anfertigen, die das Thema immer wieder visuell darstellen.

8. Beiträge speichern

Auch hier gilt es, deine Follower zu animieren, deine Beiträge abzuspeichern. Dadurch erhältst du eine höhere Reichweite auf Instagram, da deine Beiträge anhand der Anzahl der gespeicherten Beiträge verbessert wird. Du kannst in deine Bildunterschrift beispielsweise jedes Mal auf das Abspeichern deines Beitrags hinweisen, um deinen Followern aufzuzeigen, dass sie später wieder auf diesen Beitrag zugreifen können. So schaffst du es durch Mehrwert, abermals eine Win-Win-Situation für beide Seiten zu schaffen.

9. Markierungen

Durch Markierungen schaffst du es, mit deinen Inhalten sichtbarer zu werden. Bringe User dazu, dich in Stories und Beiträgen zu markieren, damit die Follower anderer Nutzer auf deine Inhalte aufmerksam werden. Am einfachsten schaffst du das, indem du andere in deinen Beiträgen und Stories markierst. Bei Gewinnspielen kannst du zum Beispiel viele Markierungen über einen Beitrag generieren. Es gibt noch viele weitere Möglichkeiten, wie du mit deinem Profil oder deinen Hashtags bei anderen markiert wirst. Probiere es einfach mal aus und schau, welche Methode dir am besten gelingt.

10. Hashtags

Für die Stories empfiehlt es sich, 10 Hashtags zu nutzen. Bei den Beiträgen solltest du bis zu 30 Hashtags als Bildunterschrift nutzen. Wie anfangs erwähnt, suchen nach wie vor viele Nutzer Inspirationen über Hashtags oder bestimmte Inhalte. Bei den Hashtags musst du unbedingt darauf achten dass es sich um relevante Hashtags zu deinen Stories und Beiträgen handeln sollte. Es bringt dir nichts, über Hashtags gefunden zu werden die nichts mit deinem Inhalt zu tun haben. Im Gegenteil, Instagram erkennt, dass die Absprungrate bei den jeweiligen Hashtags die du erwähnt hast sehr hoch ist und schränkt demnach deine Reichweite ein.

9 UNERWARTETE BEITRÄGE

In aller erster Linie ist Instagram ein Unterhaltungsmedium. Niemand ist auf Instagram, um Produkte oder Dienstleistungen zu kaufen. Wie bereits erwähnt, setzten schon die großen Unternehmen darauf, durch bestimmte Kampagnen ein Lebensgefühl oder eine Haltung mit einem Produkt oder einer Dienstleistung zu vermarkten. Daran solltest du bei allen Produkten und Dienstleistungen denken, die du über Instagram vermarkten willst. Wenn du es also schaffst, unerwartete Beiträge zu posten, die trotzdem einen Bezug zu deinem Profil haben und einfach Abwechslung für deine Follower bringen, so steigt die Interaktionsrate enorm! Überlege dir also bewusst einmal im Monat, durch welche Beiträge du deine Community unterhalten willst. Es gibt mittlerweile einige Plattformen, die dir dazu Inspirationen liefern können. Du könntest einen Sketch oder einen Vlog drehen, der deinen Tagesablauf auf eine unterhaltsame Art und Weise aufzeigt.

In Kombination mit einer **Challenge** kannst du es schaffen, viel mehr Aufmerksamkeit zu erhalten. Dazu solltest du am Anfang den Sinn der Challenge erklären und die Spielregeln klarmachen. Im Anschluss solltest du dann dafür sorgen, dass möglichst viele bei der Challenge mitmachen. Du siehst, dass deiner Fantasie keine Grenzen gesetzt sind. Umso kreativer und ausgefallener das Ganze ist, desto höher ist die Interaktion!

In dieser Challenge haben Arabella und ich eine Aktion gestartet, in der wir andere unter dem Motto #whysoserious zum Singen/Rappen animiert haben.

Dabei sollte bewusst eine Challenge entstehen, bei der man die Seriosität etwas über Bord wirft.

Wenn du also noch jemanden findest, mit dem du die Challenge starten kannst, dann schaffst du es mehr Reichweite zu erzielen.

Dabei solltet ihr möglichst ähnliche Zielgruppen haben, damit es nicht zu sehr voneinander abweicht.
Alternativ einigt ihr euch auf ein einheitliches Thema, welches für beide Zielgruppen nützlich ist.

Als Bonus habe ich dir meinen Leitfaden für die optimale Challenge auf der folgenden Seite angefügt:

9.1 DIE OPTIMALE CHALLENGE

- ✓ Ablauf
    - o Thema festlegen
    - o Bezug zum Business behalten
    - o Verteiler für Multiplikatoren erörtern
- ✓ Layout erstellen
    - o Ausgefallen
    - o Persönliche Widmung
    - o Eigener Hashtag
- ✓ Countdown erstellen
    - o Zeitlichen Vorlauf lassen
    - o Reaktivierungsfunktion muss enthalten sein
- ✓ Challenge-Spielregeln
    - o Der DAU muss es verstehen (DAU- Dümmste anzunehmende User)
    - o Verlinkung und Hashtags hervorheben
    - o Spaß > Reichweite
- ✓ Nice to know
    - o Passende Uhrzeit für den Beginn wählen
    - o Layout muss für mobile Geräte passen
    - o einfache Spielregeln
    - o Koop-Partner finden

1. Am besten erklärst du in der Story den Ablauf deiner Challenge und worum es dabei geht.

2. Dein Layout erstellst du am einfachsten über Canva. Darüber kannst du deinen Instagramnamen sowie den Hastag für die Challenge festhalten.

3. Den Countdown erstellst du über die Story-Funktion. Somit können deine Follower den Countdown aktivieren und erhalten dann mit Beginn der Challenge eine Benachrichtigung.

4. Die Regeln erklärst du am besten immer mal wieder während der Challenge.

5. Die Challenge sollte starten, wenn deine Zielgruppe am aktivsten ist. Welche Uhrzeit die beste ist, erfährst du in deinen Insights. Mach die Challenge so einfach wie möglich, damit niemand wegen der Komplexität abspringt.

10 MEINE TOOLEMPFEHLUNGEN

Ich möchte dir jetzt einige meiner Tools vorstellen, die ich täglich nutze, um meine Sichtbarkeit über social media besser zu gestalten. Mit den genannten Tools kannst du eine Menge automatisieren. Dir muss jedoch doch klar sein, dass die eigentliche Arbeit weiterhin bei dir bleibt. Sobald du dann bestimmte Prozesse automatisiert hast, kannst du diese dann Stück für Stück abgeben. Für den Anfang empfehle ich dir alle Tools selbst durchzugehen oder von Anfang an eine Person damit zu beauftragen.

Es gibt jede Menge Tools und mit Sicherheit solche, die du nicht primär nutzen wirst. Aber sei dir sicher, dass die genannten Tools deine tägliche Arbeit auf social media deutlich erleichtern werden.

1.INSTAGRAM INSIGHTS

Bevor du dich mit externen Tools beschäftigst, solltest du in deine Instagram Insights schauen. Dazu empfiehlt es sich, im Vorfeld ein Business Profil erstellt zu haben.

In den Insights kannst du deine Interaktionsraten nach Content, Aktivität und Zielgruppe nachvollziehen. So siehst du Beispielsweise, wann deine Follower am aktivsten sind, welche Beiträge am meisten kommentiert wurden oder auf welche Story du die meisten Antworten bekommen hast.

Daraus kannst du die Entwicklung deiner Followerzahlen ableiten und schaffst es, gezielt in die Richtung deiner Community zu arbeiten.

Statt Impressionen kannst du hier verschiedene andere Interaktionen auswählen, die du vergleichen kannst. Erst im 2. step kannst du auf externe Tools zurückgreifen. Dazu kannst du unionmetrics.com oder squarelovin.com nutzen.

2. Flocked

Viele von euch haben wahrscheinlich schon selbst bemerkt oder bei anderen gesehen, dass die Bildbeschriftung oftmals versetzt ist. Hier bietet die Anwendung "Flocked" als Applikation oder über die Website die Möglichkeit, deine Texte so zu erstellen, dass die Absätze auch richtig übernommen werden. Wirkt deine Bildunterschrift zu durcheinander, so sinkt auch deine Interaktionsrate. Falls du keine App installieren willst, habe ich dir alternativ die dazugehörige Website angefügt.

Website-Lösung: https://flocked.app/home

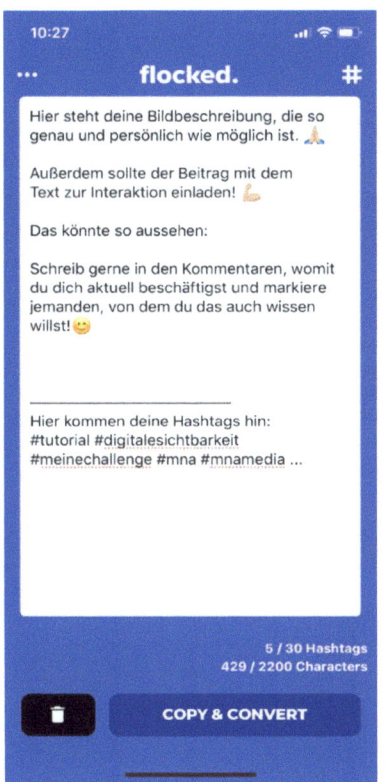

Schau auf jeden Fall, dass du auch hier deine eigene Handschrift entwickelst, damit deine Caption individuell bleibt.

Außerdem kannst du immer sehen, wie viele Hashtags du noch einfügen solltest.

Vergiss nicht, dass dein call to action für alle Beteiligten einen Mehrwert haben sollte. Du siehst, dass eine klare Strategie dir wieder in die Karten spielt.

3. Google Notizen

Oftmals entstehen neue Ideen oder Inspirationen, wenn du gerade unterwegs bist. Damit diese Ideen nicht verloren gehen, empfehle ich Google Notizen, weil du aus den Notizen dann über Google Docs fertige Skripte oder Aufgaben an andere Tools weitergeben kannst. Als Iphone Nutzer kann ich auf jeden Fall noch Siri empfehlen, da du vielleicht nicht immer dein Handy bedienen kannst, die Sprachsteuerung von Siri aber in den meisten Fällen super funktioniert. Hier geht es einfach nur darum, deine Gedanken festzuhalten, damit sie dir später nicht entfallen.

Alternativ kannst du natürlich deine Notizen App auf dem Smartphone nutzen oder deine Gedanken klassisch auf einem Blatt Papier festhalten.

Bei Google Notizen kannst du so beispielsweise nach Kategorien sortieren und verlierst dabei nicht den Überblick. Außerdem kannst du deine Hashtags nach bestimmten Kategorien abspeichern und sie dann nach Bedarf durch copy & paste nutzen.

Hast du mehrere Leute im Team, so kannst du die Freigabe für bestimmte Kategorien im Team erteilen. Der Vorteil dabei ist, dass ihr nun alle eine einheitliche Strategie verfolgen könnt.

4.Trello

Am Anfang gelingt es dir vielleicht ganz einfach, deine Ideen umzusetzen und eine Strategie für dich zu verfolgen. Mit der Zeit wirst du aber merken, dass bestimmte Dinge festgehalten werden müssen, damit du den Überblick nicht verlierst. Mit Trello hast du eine Anwendung, die du ebenfalls als App oder Website nutzen kannst, um deine Projekte visuell abzubilden. Dein Vorteil dabei ist, dass du bestimmte Meilensteine erstellen kannst und somit immer einen Überblick darüber hast, in welcher Phase des Projekts du dich mit den jeweiligen Aufgaben befindest. Wir nutzen Trello aktuell für all unsere Projekte, können somit die Fortschritte täglich verfolgen und uns intern über die jeweiligen Punkte austauschen. Auch hier kannst du Freigaben erteilen, wodurch dein Team bestens koordiniert ist.

Alternativ kannst du auch Asana nutzen. Wir haben uns letztendlich für Trello entschieden, weil die Benutzeroberfläche intuitiver gestaltet ist als bei Asana. Probier einfach beide Varianten aus und schaue, welche der Anwendungen dir mehr zuspricht.

www.Trello.com
www.Asana.com

5. InShot

Mit InShot hast du eine App, in der du deine Fotos und Videos direkt im passenden Format abspeichern kannst. Also ob IGTV, Story oder ein Bild für Instagram, hier kannst du die Vorlagen auswählen und deine Beiträge individuell abspeichern. Mit InShot hast du nicht mehr das lästige Problem, dass deine Beiträge versetzt hochgeladen werden oder nicht alles zu sehen ist. Auch hier gilt es, dein Feed so sauber wie möglich zu gestalten, damit deine Follower den besten Eindruck von dir haben.

Mit InShot kannst du deinen eigenen Stil finden und diesen dann für alle weiteren Plattformen nutzen.

Diese Story siehst du in der Woche täglich. Das Ziel dabei ist es, meine Follower zu motivieren und einen guten Start in den Tag zu geben.

So eine Vorlage kannst du auch für dich entwerfen und deinen eigenen Stil finden.

Hier kannst du die jeweiligen Auflösungen dann einstellen.

6. mojo

Mojo ist eines meiner meist genutzten Anwendungen, um meine Stories individuell zu gestalten. Wie du gesehen hast, bin ich ein großer Fan von automatisierten Anwendungen. Mit mojo kannst du noch speziellere Vorlagen für deine Community entwickeln und schaffst es darüber, individuellen Content zu erstellen.

Für die Erstellung der Vorlagen musst du dir anfangs ein wenig Zeit nehmen, allerdings lohnt sich dieses Invest bereits nach kürzester Zeit.

Hier habe ich Beispielsweise eine Vorlage für meinen Morgenlauf erstellt, den ich dann nur jedes Mal mit dem neuen Video versehen muss.

So kannst du jede Routine, die du hast als Vorlage abspeichern, damit deine eigene Handschrift über Instagram jederzeit erkennbar ist.

11 FAZIT

Instagram ist eine Plattform, die sich täglich verändert, eine App, auf der Anfangs nur Bilder hochgeladen wurden, ist mittlerweile zur Marketing Anwendung im b2c Bereich geworden.

Mit einer klaren Struktur und der notwendigen Disziplin, kontinuierlich neuen Content zu schaffen, wird die Reichweite mit der Zeit kommen.
Ganz wichtig ist es, dass du vorerst deinen eigenen Stil findest.

Nur so wirst du durch deine Persönlichkeit oder deiner brand überzeugen können. Für den Anfang empfehle ich ganz klar, die organische Reichweite aufzubauen. Zugegeben nicht die einfachste Variante, die nachhaltigste aber.

Neben den vorgestellten Tools gibt es noch etliche Tools, die dir den Alltag auf Instagram erleichtern können. Auch da gilt es, die Augen offen zu halten und nach Neuerungen zu greifen, sobald diese deiner Sache dienen.

Ist der Einstieg mit Instagram gelungen, so kannst du die basics auf jede andere social meida Plattform abändern.

Mittlerweile erstellen wir Parallel unsere Inhalte, so dass ein Podcast Beispielsweise als Story auf Instagram erwähnt wird, im Anschluss als IGTV hochgeladen und dann auf Pinterest, Facebook, Xing und Linkedin als Beitrag veröffentlicht wird. Dabei bauen wir uns bewusst einen Funnel (Trichter) auf. Wir sammeln wie in einem Trichter viele Interessenten auf allen Plattformen und ein kleiner Teil wird dann unten zum Follower konvertiert.

Jetzt bist du dran!

Nachdem ich dir nun einige Einblicke gegeben habe, freue ich mich auf deine Umsetzung.

Schau dir bewusst andere Profile an, um dir Inspirationen einzuholen. Lies Bücher zu deinem Thema, bilde dich in der Persönlichkeitsentwicklung weiter und versuch, deine Community bestmöglich mitzunehmen. Es gibt mittlerweile keinen Tag, an dem ich nicht was neues lerne.

Diese learnings kannst du dann einfach wieder in den Notizen festhalten und zu gegebener Zeit in deine Sammlung einbauen.

Nach einer Zeit wirst du auch sehen, dass du nicht alle Dinge perfekt machen kannst, weil du die Zeit oder das nötige Knowhow nicht hast, um die Abläufe umzusetzen.

Hast du für jeden Bereich Standards erschaffen, so kannst du diese dann auch abgeben. Mit einem sauberen „onboarding Prozess" gilt es dann, die Richtlinien einmalig festzulegen.

Mittlerweile habe ich nur noch die Ideen und schaue, dass ich diese im Team bestmöglich verteilen kann. Dabei ist der Workflow aber auch nur so gut, umso genauer deine Prozesse sind.

Solltest du kein Team haben, kannst du deine Aufträge an Freelancer weitertragen. Unsere Videos und Grafiken geben wir ebenfalls an Freelancer weiter.

12 DANKE!

Vielen Dank, dass du dich für das Buch entschieden hast!

Ich hoffe, dass du direkt einige Dinge für dich umsetzen kannst. Mir ist es wichtig, dass du auch ins Handeln kommst. Es bringt nichts über Wissen zu verfügen, aber dieses nicht umzusetzen.

Dies ist ein Arbeitsbuch, du kannst es also ruhig mehrmals lesen und das Gelernte dann Stück für Stück anwenden.

Wenn du mehr als nur die beschriebenen Inhalte durchführen willst oder einen Coach an deiner Seite suchst, damit du mit deinem Business noch mehr digitale Sichtbarkeit erhältst, um Kunden für dich zu gewinnen, dann nimm gerne den Kontakt mit mir auf und wir finden die passende Lösung für deine Strategie.

Wir arbeiten mit verschiedensten Menschen und Unternehmen zusammen und können dabei auf umfangreiche Netzwerke zurückgreifen!

https://www.mnamedia.de

Ich freue mich, dich kennenzulernen!

Mustafa Nemat Ali

13 VERZEICHNIS DER INTERNETQUELLEN

Rabe, L. (2020): Statistiken zu Instagram. Online verfügbar unter: https://de.statista.com/themen/2506/instagram/ , abgerufen am 12.04.2020.

Sport1 (2020): Ronaldo Kohle-König bei Instagram. Online verfügbar unter: https://www.sport1.de/internationaler-fussball/serie-a/2019/10/serie-a-cristiano-ronaldo-verdient-mit-instagram-mehr-als-bei-juve , abgerufen am 12.04.2020.

14 ABBILDUNGSVERZEICHNIS

Abbildung 1: Instagram ist das News-Medium der Generation Z 11